Dra. Claudia Croos-Müller

¡Adelante!

Ayuda instantánea para el miedo, el pánico y las palpitaciones

Ilustraciones de Kai Pannen

12½ ejercicios para recuperar inmediatamente el ánimo y la tranquilidad

En este libro encontrarás los siguientes ejercicios:

1. Brazos en jarra

2. Resopla

3. Siente la columna

4. Suénate

5. Inspira una fragancia

6. A la pata coja

7. Chasca los dedos

8. Enciende la luz y abre los ojos

9. Caminar con las piernas separadas

10. Cambio de mano, cambio de tercio

 11. Practica la percusión

12. Mueve la lengua

12½. Frota tu pecho

Por qué estos ejercicios ayudan

Estos ejercicios son muy fáciles, los aprenderás enseguida.
Actúan como un conjuro mágico: lograrán calmar tus pensamientos y sentimientos, especialmente en casos de taquicardia, angustia, pánico y estados similares.

- ▶ Con estos pequeños ejercicios físicos influirás en tus emociones.
- ▶ Si los realizas de forma regular tus emociones se estabilizarán.
- ▶ Son la llave que abre la prisión de la ansiedad.

Por fin podrás desarrollar tus capacidades.

El miedo es como una cárcel que encierra tu alegría, tus pensamientos y tus acciones. Es capaz de bloquearte el cerebro por completo.

12½ ejercicios (o 2 x 6 + ½ o 10 + 2 + ½) del método Body2Brain

1: El todo, la unidad.
2: El yin y el yang.
6: Los seis reinos del Samsara.
10: El dorsal de los ases del fútbol.
12: El número de nervios craneales (veremos lo útiles que son).
12: Los meses del año (un ejercicio para cada mes). O un ejercicio para cada hora del día.
½: Un tentempié para el descanso.

▶ Haz estos ejercicios siempre que te aceche el pánico, te ronde la angustia o te pueda el desánimo.

El método Body2Brain: ejercicios del cuerpo para el cerebro
▶ A través del cuerpo *(body)* llega la información al cerebro *(brain)*.
▶ Enviando información nueva, el cuerpo puede hacer que el cerebro tenga nuevas ideas.
▶ Estas nuevas ideas cambian los viejos patrones de conducta.
▶ Y ellas darán un nuevo impulso a tu vida.

Un gran equipo: 12½ ejercicios con Óscar y Emily

Hay que reconocerlo: a veces hacer ejercicio puede ser cansado y aburrido. Más aún si lo haces solo.
Pero tú cuentas con Óscar y Emily, dos ovejas de lo más agradables.
Óscar es el rey del buen humor y domina un montón de ejercicios Body2Brain, incluidos unos cuantos que acaban con las taquicardias.
Por su parte, Emily es experta en mantener el ánimo y la confianza.
Juntos son un gran equipo. No conocen el miedo ni saben lo que es el pánico.
¿Que cómo lo consiguen? ¡Haciendo ejercicios como locos! ¡Y les encanta!
¡Únete a ellos!

Cómo usar
(y aprovechar) este libro

Puedes comprar este libro para hacer feliz a alguien, y eso estaría muy bien. También puedes comprarlo para ti, y eso estaría aún mejor.
Pero si además lo lees enseguida y comienzas a hacer los ejercicios, eso ya sería perfecto.
Solo con leerlo surgirán en tu mente nuevas ideas y puntos de vista, lo que generará nuevos comportamientos. Cada palabra que lees es información que viaja a toda velocidad por tus neuronas, se mezcla con la información ya almacenada dando lugar a otras reacciones y emociones.

Puedes hacer los ejercicios en cualquier momento o lugar:
▶ de pie, sentado o caminando;
▶ durante el día o de noche en la cama;
▶ en la oficina y en el coche;
▶ a solas o en compañía.
▶ No necesitas cita médica
▶ ni apuntarte al gimnasio.
▶ Ni siquiera requieren tiempo, se hacen casi sin darte cuenta.
▶ Solo necesitas tu cuerpo y tu cerebro (y está claro que los tienes, de lo contrario no podrías leer estas líneas).

En las próximas páginas encontrarás a veces el símbolo *. Él te remitirá a los ejercicios del libro ¡*Ánimo!*. ¡Puedes aprovechar la ocasión para volver a practicarlos!

Por qué debes usar (y aprovechar) este libro

El miedo limita tus pensamientos y te hace ver problemas en situaciones en las que, sin ansiedad o angustia, te sentirías optimista y pensarías con claridad. En ocasiones puedes llegar a sentir miedo del miedo, y a ser incapaz de dejar de pensar en él (esto se debe a que hay un fuerte vínculo entre el miedo y la memoria). Estos ejercicios físicos te dan la oportunidad de actuar contra la angustia, el pánico, las taquicardias y otros molestos efectos secundarios.

- Todos los ejercicios tienen un resultado positivo.
- Comprenderás cómo el ejercicio vincula tu cuerpo con tu cerebro, y verás lo apasionante que resulta comprobar el efecto en tus emociones.
- Eres capaz de dirigir tus emociones.
- Puedes influir en los circuitos de tu cerebro.

El cuerpo, el cerebro y los sentimientos están interconectados

El sistema nervioso se compone de dos sistemas: el sistema nervioso central, consistente en el encéfalo y la médula espinal, y el sistema nervioso periférico, que se subdivide en el sistema nervioso somático (encargado de la percepción, el movimiento, oler, oír, ver o hablar) y el sistema nervioso vegetativo o autónomo. Este último es el encargado de todos los procesos internos, de la tensión arterial, la frecuencia cardíaca, etc. Es decir, que no puedes controlarlo *directamente*.

▶ Sin embargo, ciertos ejercicios te permiten influir en dicho sistema de forma indirecta.

El centro de mando del sistema nervioso es el cerebro. Este posee diferentes áreas, *todas* interconectadas. Una de ellas es el diencéfalo, el centro de tus emociones.

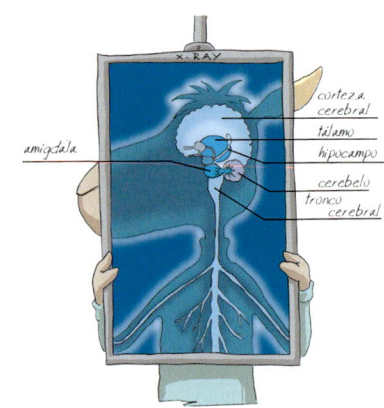

Los sentimientos se originan en el cerebro

Es muy importante que conozcas la amígdala cerebral, situada en el diencéfalo. Allí se generan las hormonas del bienestar: la dopamina y la serotonina.

La amígdala también reacciona ante el peligro, antes incluso de que sepas lo que está pasando. Siempre se encuentra en guardia y por eso a veces se precipita o se equivoca en sus respuestas. Esa es la razón de que en ocasiones sientas miedo y después descubras que en realidad no había nada que temer.

Los sentimientos siempre entran en juego

El cerebro procesa y almacena las experiencias que vivimos. Todas nuestras reflexiones y todas nuestras acciones se inician en el cerebro.

Cualquier actividad cerebral va siempre unida a un sentimiento.

Por ejemplo: vas por la calle, oyes cantar un pájaro y te pones de buen humor. Sin embargo, si vas por la misma calle y empieza a llover, te enfadas.

Unas veces se impone la región de las emociones y otras, la de la acción. Pero no pueden vivir la una sin la otra. Por eso tus pensamientos y experiencias siempre están sometidos a algún tipo de emoción. Normalmente esto no supone ningún problema, pero en algunas ocasiones puede ser una verdadera carga. Y esas ocasiones se presentan cuando la angustia, el pánico y la ansiedad se apoderan de tu cerebro.

> No es posible una acción sin un sentimiento (por insignificante que sea), debido a que todas las unidades funcionales del cerebro se encuentran interrelacionadas mediante infinidad de fibras nerviosas y, por lo tanto, siempre actúan de manera conjunta.

Cómo se genera el pánico

El pánico es un estado de miedo intenso que se presenta de repente, sin previo aviso. La actividad neuronal de la amígdala se dispara y se contagia a muchas otras neuronas del cerebro. Se segregan hormonas del estrés que se propagan generando un incendio emocional cuyas consecuencias aparecen al instante en forma de taquicardia, sudoración, náuseas, sensación de desmayo, temblores o dificultad para respirar.
Pero mantén la calma, no sufres un infarto; no vas a morir ni estás enloqueciendo. Es tu amígdala la que enloquece temporalmente. El ataque de pánico puede durar cinco minutos o varias horas, y producirse una vez al mes o cinco veces al día. Esto último sería terrible, pues tu amígdala se habría convertido en una dictadora pequeña pero poderosa que tiranizaría tu cabeza... y tu vida.

> **Por qué debes parar la angustia y el pánico**
> Los estados continuos de angustia y los ataques de pánico son agotadores. Y lo que es peor: suponen un entrenamiento negativo para tu cerebro. Las resonancias magnéticas demuestran que las regiones de la angustia y el pánico se hacen cada vez mayores y más activas. ¿El resultado? Acabarás paralizado, sintiéndote completamente miserable y reprochándote tu miedo.
> ¿Crees que en esta situación solo un milagro podría ayudarte? ¿O un médico con todo su arsenal de pastillas? Bueno, es posible. Pero tú puedes convertirte en el doctor capaz de hacer ese milagro.

El cuerpo es capaz de reconducir los sentimientos

Por suerte, en tu cabeza no solo reinan la amígdala y sus reacciones. Tu mente también obedece a un montón de estímulos antiestrés.

- ▶ Los ojos y los nervios ópticos te ayudan a lograr una visión de conjunto.
- ▶ Los oídos y los nervios auditivos te permiten orientarte.
- ▶ El cerebelo mantiene tu equilibrio físico y emocional.
- ▶ El sentido del olfato no solo ayuda a los animales. También a ti puede echarte una mano para controlar el miedo.
- ▶ Determinados movimientos de las manos, los pies y la cara son tan poderosos y efectivos que logran hacerse con el control de los centros de las emociones.
- ▶ Ciertas caricias reconfortan y tranquilizan los centros emocionales.

Sabiendo un poco de neuroanatomía y con algo de práctica podrás ser tu propio *coach* contra la angustia, el pánico y compañía.

Sentir miedo es vital para huir de situaciones peligrosas o esconderse en caso necesario. El miedo es bueno en dosis adecuadas. Sin embargo, aquí nos referimos al miedo negativo, al que limita tu vida. Podrás combatirlo con los ejercicios que siguen, que son gratuitos y carecen de efectos secundarios.

Ejercicio 1

Brazos en jarra

No puede ser más fácil: levanta un poco los brazos y coloca las manos firmemente en las caderas (si las tienes anchas, aún mejor).
Pasa el peso del tronco a las caderas a través de los brazos y las manos.
Así, llegará hasta el suelo por la pelvis, las piernas y los pies.
Esta posición con los brazos en jarra la puedes practicar en cualquier momento o lugar: de pie, sentado o acostado.

Esta es una postura que te proporciona verdadera fuerza.

Por qué poner los brazos en jarra funciona

Al mover los brazos y las manos para hacer este ejercicio estás utilizando el cerebro. Sobre todo las manos, que deben buscar apoyo en las caderas, consumen muchos recursos en la zona motora de la corteza cerebral. Cuando encuentran el punto de apoyo mandan al cerebro una señal de estabilidad. Esta se transmite a los centros de las emociones, que la convierten en estabilidad emocional.

Además, la posición de los brazos te hace adoptar una postura diferente: los codos sobresalen, con lo que tu cuerpo se ensancha y mantienes mejor el equilibrio (los acróbatas realizan este ejercicio).

El pecho también se ensancha y, como resultado, tu respiración mejora y se hace más profunda.

La columna se endereza y ganas altura; además, los discos intervertebrales te lo agradecerán.

Como ves, son muchos los estímulos positivos que llegan al cerebro. La taquicardia, la dificultad para respirar, la opresión en el pecho y todos los factores relacionados con la ansiedad y el pánico se calman con esta postura.

> Combinada con los ejercicios «Con los pies separados»* o «La cabeza alta»*, esta postura te transmite el siguiente mensaje, válido para los ámbitos físico, mental y emocional:
> ▶ Soy grande y estable, no me derrumbaré.
> ▶ Nada puede sucederme.
> ▶ Soy una roca.

Ejercicio 2
Resopla

Los caballos resoplan con gran fuerza, y da gusto escuchar ese sonido poderoso. Prueba a hacerlo tú también: ¡resopla! Solo tienes que relajar la mandíbula y los labios, y dejar que el aire salga como a borbotones.
¡Brrr, brrr, brrr!
¡Brrr, brrr, brrr!
Los caballos lo hacen para soltar la tensión, y los jinetes saben que se están aliviando.
Si practicas un poco tú también conseguirás resoplar con todas tus fuerzas para mitigar tensiones. Se acabaron los nervios y la taquicardia. Tanto si estás en el coche como en la oficina antes de una llamada, o de camino a una reunión..., ¡resopla!
Primero un resoplido corto: ¡brrr, brrr!
Y luego uno largo: ¡brrr, brrr, brrr, brrr!

(Este es un ejercicio de Julie Henderson.)

Por qué resoplar funciona

La región de la boca y todas sus funciones ocupan mucho espacio en el cerebro. Por eso, cuando realizas movimientos poco usuales, el cerebro está muy ocupado llevándolos a cabo y las zonas en las que el miedo quiere imponerse deben concentrarse en otra cosa.
Además, resoplar tiene una ventaja añadida: relaja los labios y la mandíbula. Esa señal de distensión se transmite a las zonas del cerebro encargadas de la tensión/relajación emocional.

Desde allí, por las conexiones nerviosas, se envía a los centros de la angustia y el pánico, que se calman.

- ▶ Líbrate de la angustia y el pánico a resoplidos.
- ▶ Este ejercicio combina de manera genial con «Aspira a lo grande».*

Los ejercicios de relajación muscular de la cara son también ejercicios de relajación mental para tu cerebro.

Ejercicio 3

Siente la columna

Hay muchas superficies que te ayudarán a sentir la columna vertebral.
Puedes apoyar la espalda contra la pared, contra el marco de una puerta o contra un árbol (el contacto con la naturaleza siempre es beneficioso).
En cualquier caso, debes hacerlo de modo que notes de arriba abajo todas las vértebras, desde la primera cervical, en la que descansa la cabeza, hasta la última vértebra del coxis. Para ello necesitarás moverte, doblarte y retorcerte un poco. La idea es que todas las vértebras entren en contacto con la superficie en que te apoyas.
También puedes hacer este ejercicio sentado, reclinándote en el respaldo de la silla o en el asiento del coche.
Independientemente de su altura, la columna de todas las personas consiste en treinta y cuatro vértebras: siete cervicales, doce torácicas, cinco lumbares y el resto pertenecientes al sacro y al coxis. Es importante que en algún momento las sientas todas juntas, en toda su extensión y robustez.
Y entonces te darás cuenta: ¡son a prueba de bomba!

Por qué sentir la columna funciona

La columna vertebral es el pilar fundamental de tu cuerpo. Es tu verdadero soporte. Además, une todas las partes del cuerpo, lo que significa que cuando sientes la columna notas de manera indirecta, y en realidad también directa, tu cuerpo en todo su conjunto. Esto es de gran ayuda contra el miedo descontrolado. La columna vertebral protege a la médula espinal, una parte del sistema nervioso central con infinidad de fibras nerviosas que entran y salen del cerebro; es como una especie de enorme autopista de datos. El yoga asume que los principales centros de energía (chacras) se encuentran situados a lo largo de la columna.

Cuando apoyas la columna contra una superficie sólida y te mueves un poco acá y allá logras un ligero masaje y una activación de las células nerviosas. Ese estímulo es transportado por los nervios hasta el cerebro, donde crea una sensación de estabilidad. Como resultado, el miedo, el desánimo y el nerviosismo se bloquean.

Notar la columna implica conocer el soporte de tu cuerpo, sentirte fuerte y valiente, tomar conciencia de ti mismo de arriba abajo (en lugar de perder la cabeza o tener la sensación de que el suelo se abre bajo tus pies). Te ayudará a sentirte como un árbol: flexible y resistente.
¡Una receta infalible contra la angustia y el pánico!

Ejercicio 4
Suénate

Este ejercicio es muy efectivo. Y discreto.
Bueno, bastante discreto. Y divertido.
Y muy agradable.
Cuando sufras un ataque de pánico o sientas que el miedo te puede, saca un pañuelo de papel y suénate la nariz lo más fuerte y lo más sonoramente que puedas.
Imagínate que estás expulsando toda la porquería del miedo y el pánico.
Después podrás tirar el pañuelo
y librarte de su desagradable contenido.
¡Todo fuera!
Así que recuerda: ¡suénate fuerte!
¡Moc, moc, moooc!

Emily tiene otro truco: después de sonarse se aprieta con una uña el surco subnasal, justo bajo el comienzo de la nariz. Es un punto que se utiliza en primeros auxilios ante un desmayo. ¡Ay! ¡Funciona!

Por qué sonarse funciona

Al sonarte pasan muchas cosas a la vez: en primer lugar, activas la mano para que realice toda una serie de movimientos finos y sincronizados. Esos movimientos voluntarios ocupan una gran zona del cerebro y distraen la atención del ataque de pánico.

En segundo lugar, los dedos rodean la nariz y la aprietan un poco, generando un pequeño masaje. Ese agradable impulso nervioso se transmite al cerebro y lo tranquiliza, y así contribuye a la estrategia de distracción.

Para sonarte necesitas determinados músculos de la cara que el cerebro debe movilizar. De nuevo, se produce una actividad consciente que combate el miedo inconsciente.

Finalmente, no debemos olvidar el sonido: ¡moc, moooc! El nervio auditivo recoge ese trompeteo y lo lleva al área auditiva. Ese sonido estimula al cerebro y lo distrae de la sensación de pánico.

Solo imaginarte que estás librándote de toda esa porquería te hace sonreír, ¿verdad? Pues esa sonrisa es transportada por las vías nerviosas hasta las áreas responsables de la ansiedad y el pánico, que se tranquilizan (y se sienten un poco ridículas y hasta se avergüenzan). Así que ya sabes: ¡hazte con un montón de pañuelos y suénate a fondo!

En cuanto a la idea de Emily de apretarse bajo la nariz, es un procedimiento que se realiza en acupresión.

Ejercicio 5
Inspira la fragancia

Un ejercicio fantástico que hace milagros. Inspira el perfume de una rosa. Profundamente. Haz lo mismo con un poco de lavanda.
Muy profundamente.
Deja que la fragancia entre por tu nariz e inunde tus pulmones. A través de las células olfativas, el aroma llegará al centro olfatorio del cerebro.
Rosa y lavanda, ¡maravillosas!
Concéntrate en inspirar y espirar profundamente tres veces seguidas.
Ten siempre a mano unos frasquitos de esencia de rosa y de lavanda.

Y en caso de que prefieras otra fragancia, ¡no hay problema!
Si en algún momento no tienes nada que oler, a veces basta con que te imagines el aroma.

Por qué oler fragancias funciona

Los efectos positivos de este ejercicio son como fuegos artificiales.

La rosa y la lavanda tienen un efecto calmante y por eso se utilizan en aromaterapia para armonizar el sistema nervioso. Cuando sientas nerviosismo, taquicardia, miedo o inquietud, ¡puedes convertirte en tu propio aromaterapeuta! El sentido del olfato es uno de los más activos: hay miles de nervios que conectan la mucosa olfatoria con el cerebro. Para ser más exactos, con la amígdala y con la corteza cerebral; es decir, con el área de procesamiento de las emociones. Cuando el efecto calmante de la rosa y la lavanda llega allí, produce una estabilización que impide que se impongan la angustia y el pánico.

▶ Inspirar fragancias te permitirá reconducir y calmar las áreas más profundas de tu cerebro.

▶ La activación del sentido del olfato entrena el cerebro en el campo de la cognición, es decir, en el pensamiento y el aprendizaje.

Los investigadores han descubierto que los mamíferos primitivos con el nervio olfatorio más grande también poseían los cerebros más voluminosos. Podría decirse que el sentido del olfato nos hizo inteligentes. Y, sin duda, lo inteligente es combatir el miedo, la ansiedad y el nerviosismo.

Actúa con inteligencia y rodéate de aromas, usando sales de baño o cremas perfumadas o degustándolos en forma de té de rosa o de mermelada de lavanda... ¡Deliciosos!

▶ ¡Las fragancias se suben a la cabeza!

Ejercicio 6
A la pata coja

Un ejercicio sencillo y muy útil contra
la ansiedad y el pánico:
ponte sobre un solo pie.
Aguanta un minuto.
Luego cambia de pie.
Y aguanta otro minuto.
Quizá al principio te sientas inestable
y te tiemblen las rodillas. En ese caso levanta
la pierna solo un poquito de manera que la
punta del pie toque el suelo, mientras la otra
te sostiene con firmeza. Es como los primeros
ejercicios de ballet.
Cuando hayas ganado seguridad siéntete
libre de levantar y estirar la pierna, y de
acompañarla con los brazos. ¡Viva!
Puedes hacer este ejercicio en (casi)
cualquier lugar.

Siempre que sientas
que la ansiedad o un
ataque de pánico
hacen temblar
tu mundo, ¡ponte
a la pata coja!

Por qué ponerse a la pata coja funciona

A tu cerebelo le encanta este ejercicio, puesto que el cerebelo es el centro del equilibrio. Al ponerte sobre un pie lo activas completamente. Además, las áreas del cerebro responsables de emociones como el miedo y la ansiedad ven su labor interrumpida. Esto se debe a que el cerebelo les indica que se está recuperando el equilibrio del cuerpo, y eso se refleja en tu equilibrio emocional

Mientras realizas este ejercicio puedes contar hacia atrás, empezando como mínimo en el número veinticuatro. Así distraerás totalmente al cerebro del ataque de pánico. Estará demasiado ocupado manteniendo el equilibrio primero sobre el pie derecho y luego sobre el izquierdo mientras, además, cuenta hacia atrás. Verás que casi resulta divertido y que no queda sitio para el pánico. ¡Los funambulistas profesionales no pueden permitirse sentir miedo!

> Cuando, en un ataque de pánico, exiges a tu cuerpo que se concentre en un ejercicio de equilibrio como ponerse sobre un pie, tu cerebro intenta también equilibrar la mente.

Ejercicio 7
Chasca esos dedos

¡Un ejercicio superfácil!
¡Y muy divertido!
Chasca el dedo gordo contra los demás siguiendo este orden: el índice, el corazón, el anular y finalmente el meñique. Intenta que resuenen lo máximo posible, que se oiga bien: ¡chas, chas, chas!
Hazlo primero con la mano derecha y luego con la izquierda. ¡No te dejes ningún dedo!
¡Chas, chas, chas!
Y después alterna las manos: el pulgar y el índice derechos, el pulgar y el índice izquierdos; el pulgar y el corazón derechos, el pulgar y el corazón izquierdos…
¡Chas, chas, chas!

Por qué chascar los dedos funciona

El movimiento de las manos ocupa un área muy grande del cerebro. Por eso, cuando las mueves (y chascar los dedos requiere mucha concentración y habilidad), las zonas del cerebro encargadas del pánico pierden importancia. No resultan interesantes, no se las tiene en cuenta y quedan relegadas. El área motora de la corteza cerebral es muy potente y siempre está dispuesta a hacerse con el poder. Así, sus acciones conscientes son capaces de minimizar el miedo.

Si además aguzas el oído y te concentras en escuchar los chasquidos, los huesecillos del oído activarán el nervio auditivo, que desemboca en el cerebro lejos de los centros del pánico. Este nervio lleva al cerebro todas las señales acústicas que capta y, con ello, contribuye a enviar el miedo a un segundo plano.

Por otra parte, el cambio de mano derecha a mano izquierda crea un efecto adicional: la llamada estimulación bilateral (EMDR, por sus siglas en inglés). Se trata de un método para el tratamiento del trauma, pero ¿por qué no ibas a beneficiarte de él? Cuando la amígdala cerebral se encuentra excitada este método le sienta de maravilla: es como una nana que la tranquiliza. Así que ¡chasca esos dedos!

▶ Puedes combinar cada chasquido con un resoplido y tendrás una estrategia perfecta para distraer al cerebro de los ataques de pánico.

Ejercicio 8

Enciende la luz y abre los ojos

Un ejercicio bonito y muy sencillo.
Imagínate que tienes un gran foco
en la frente, con una potente bombilla
halógena capaz de iluminar cualquier
oscuridad.
Y ahora mueve la cabeza de derecha a
izquierda, de izquierda a derecha, y otra
vez... Haz que tus ojos acompañen el
movimiento, mirando a tu alrededor de
derecha a izquierda, de izquierda a derecha...
La luz del foco es capaz de alumbrar los
rincones más oscuros.
Aumenta su intensidad, hazla aún más
luminosa.
Y después vuelve a mover la cabeza.
Los ojos la acompañan, mirando a tu
alrededor con gran fijeza y atención.
Se hace la luz.
Y ves con claridad.

Por qué encender la luz y abrir los ojos funciona

La ansiedad y el pánico limitan tus sentidos. Dejas de oír y de ver correctamente (lo ves todo negro, en el sentido más literal de la expresión) y solo experimentas ansiedad y pánico. En tu cerebro únicamente están en funcionamiento los centros de esas emociones. Sin embargo, cuando activas los ojos activas también el nervio óptico, que capta lo que te rodea. Así, el cerebro recibe nuevos impulsos. Además, al mover los ojos de derecha a izquierda y de izquierda a derecha estás realizando un ejercicio de estimulación bilateral (EMDR). Mirar atentamente y mover los ojos de un lado a otro te ayuda a tranquilizarte y a poner orden en tu cerebro.

Imaginar que tienes un foco en la frente con un potente haz de luz produce otro efecto positivo: la activación del tercer ojo, situado entre las cejas. El yoga considera que en mitad de la frente se sitúa el sexto chacra, un centro energético capaz de una percepción singular, «el ojo iluminado del corazón». Y eso es precisamente lo que necesitas en momentos de ansiedad y miedo: energía e iluminación (o comprender que la amígdala cerebral te está jugando una mala pasada y debes darte cuenta y detenerla).

▶ Este ejercicio combina a la perfección con «Aspira a lo grande»* o «Tararea»,* del libro *¡Ánimo!* ¡Lo verás todo bien claro!

Ejercicio 9

Caminar con las piernas separadas

Hasta un niño puede hacerlo: caminar con las piernas separadas. De hecho, así es como aprenden a andar los bebés porque en esa posición es más difícil caerse. Primero plántate* con los pies bien separados y luego avanza. Un paso detrás de otro, siempre dejando espacio entre las piernas.

Alterna el peso de un lado a otro y continúa, dejando siempre muuucho espacio entre los pies.

Así son las zancadas de los capitanes cuando su barco cabecea en alta mar. Con los pies muuuy separados.

Si por alguna extraña razón no eres capaz de caminar así, quédate quieto y alterna el peso de una pierna a otra. Puedes hacerlo incluso sentado.

Por qué caminar con las piernas separadas funciona

Este es un buen ejercicio para tu cerebro. Al cerebelo le encanta demostrar lo bien que mantiene el equilibrio, y le envía al cerebro el mensaje de que todo está en orden y debe concentrarse en seguir dando pasos con los pies bien separados. Con ello, también el cerebro permanece ocupado. Ambos sostienen un intenso diálogo que impide que el miedo y la ansiedad se impongan en el centro de las emociones. Además, esta forma de andar crea un balanceo fantástico.

▶ El balanceo produce un increíble efecto calmante en las neuronas, está científicamente demostrado.

Las madres saben de manera instintiva que acunar a su bebé ayuda a contener el llanto del niño. Del mismo modo, caminar con los pies separados crea un lento balanceo que calma a la excitada amígdala cerebral. Tararea* y potenciarás aún más este efecto.

Si combinas este ejercicio con «Brazos en jarra» te cargarás de energía y valor. Conquistarás el mundo en vez de quedarte temblando en un rincón.

Ejercicio 10
Cambio de mano, cambio de tercio

Quizá al principio este ejercicio te resulte un poco difícil, pero es factible.
Si eres diestro, hazlo todo con la mano izquierda.
Si eres zurdo, hazlo todo con la mano derecha.
Agarrar la manilla de la puerta y tirar de ella, sacar de la nevera la leche (¡o el helado de lavanda!), abrir y cerrar los grifos, lavarte los dientes, encender la luz, escribir un whatsapp..., en fin, ¡todo!
Empieza por las actividades más sencillas y ve aumentando la dificultad.
Haz este ejercicio sobre todo cuando sufras una taquicardia o un ataque de sudor: ¡cambia de tercio!

Por qué cambiar de manocambiar de tercio funciona

Cada función y cada capacidad tienen su lugar fijo en el cerebro. Si se ejercitan de manera habitual y continuada pueden incluso ocupar más espacio. Un cambio en tus hábitos hará que tu cerebro reaccione *enseguida* para adaptarse a él. A los pocos días de hacer las cosas con la otra mano, ya puede observarse mediante resonancia magnética que la materia gris y la materia blanca del cerebro sufren un cambio cuantitativo. Por lo tanto, trasladar el uso de la mano derecha a la izquierda o al revés origina una rápida adaptación del cerebro, que para ello debe realizar un gran esfuerzo (es muy curioso y trabajador). Por esa razón no puede ocuparse de las áreas responsables de emociones fastidiosas y molestas como el miedo. Tu cerebro necesita concentrarse en la nueva tarea que le has encomendado.

▶ Cambiar un patrón requiere concentración.
▶ La concentración te distrae del pánico.
▶ La concentración te hace más lúcido y consciente.

Esto significa que, cuando te ataquen, puedes librarte del pánico y la ansiedad simplemente haciendo con la otra mano (o con el otro brazo) la actividad que estés realizando. Hasta resulta divertido. Y pasárselo bien y divertirse es la mejor medicina contra la ansiedad y el miedo, ¡sin riesgos ni efectos secundarios!

Ejercicio 11
Practica la percusión

Y ya que hablamos de manos, ¿qué tal un poco de percusión?

Puedes golpear una mesa, tus propios muslos, etc. Prueba a hacer poquito ruido y luego mucho, a golpear deprisa y luego despacio, a emplear mucha fuerza y luego poca... Puedes tamborilear con las puntas de los dedos, con un solo dedo o con la mano entera.

Es cierto que si haces mucho ruido este ejercicio no pasa precisamente desapercibido, pero puedes esperar a encontrarte a solas, o buscar a alguien que te acompañe con el mismo entusiasmo. No obstante, tamborilear suavemente es posible casi en cualquier ocasión, especialmente estando a la mesa.

Si disimulas un poco tendrás ocasión de golpearte levemente los muslos con total discreción.

Por qué practicar la percusión funciona

Este ejercicio tiene muchos efectos positivos. Las manos se mueven tanto alternativamente como a la vez, lo que requiere concentración por parte de los lados derecho e izquierdo del cerebro. Como además es necesario mantener cierto ritmo, esta es una tarea muy exigente.
Por otra parte, si cambias de cadencia o de intensidad implicas a otras zonas del cerebro. Las áreas de las emociones no pueden dedicarse a otra cosa, puesto que todo el cerebro debe concentrarse en algo muy concreto: tamborilear al compás. Para ello el nervio auditivo debe estar pendiente de comprender, procesar y coordinar los sonidos.

▶ El cambio del lado derecho al izquierdo, tanto al tamborilear como al escuchar, constituye otro ejercicio de estimulación bilateral (EMDR).

Busca tu propia armonía con un ritmo tranquilo, como por ejemplo el del corazón, golpeando de cincuenta a sesenta veces por minuto.
También puedes descargar tu rabia y tu impaciencia: prueba a utilizar los puños. Quizá te resulte un poco cansado pero tomarás conciencia de tu fuerza física.

Ejercicio 12

Mueve la lengua

La lengua está siempre en movimiento: al hablar, al comer y al beber. Pero además puedes ayudarla a explorar toda la boca. Muévela de derecha a izquierda, de arriba abajo, pásala por los dientes, por la mandíbula de arriba, por el interior de las mejillas, por la mandíbula de abajo, etc. Sácala, humedécete los labios y luego enróllala.

Puedes hacer esto discretamente cuando te encuentres en compañía de otras personas.
Pero si estás a solas, colócate ante el espejo y hazlo con todo descaro, incluso poniendo algunas muecas. Intenta hablar con la lengua enrollada, ¡es muy divertido!
Sácales la lengua al pánico y la ansiedad: ¡ñañaaa! ¡ñañaaa! ¡Ya verás qué risa!

Por qué mover la lengua funciona

La lengua es un órgano increíble y absolutamente fundamental. La necesitamos para comunicarnos o para alimentarnos (ya de bebés la usamos para tomar el pecho). También es necesaria para disfrutar de los alimentos, puesto que en ella reside en parte el sentido del gusto. Además, tiene un sentido del tacto muy desarrollado y esa es la razón de que los niños se lo lleven todo a la boca. Es un órgano al que debemos muchas alegrías.

Hay cuatro nervios que parten de la lengua y la conectan con el cerebro, donde dichos nervios se interconectan con muchos otros. Los nervios de la lengua se reúnen en el tronco cerebral, y eso los convierte en vecinos de la amígdala.

Al mover la lengua y concentrarte en esa tarea prestas mucha menos atención a la ansiedad. Por otra parte, este ejercicio alivia la tensión que suele acumularse en la zona de la boca. Al pasar la lengua por la dentadura la sentirás en toda su dureza, y eso te dará fuerzas para comerte la vida a bocados, enseñando los dientes sin que te castañeteen de miedo. Hacerle muecas al espejo y hablar haciendo el tonto te arrancará unas carcajadas. La risa relaja los centros de las emociones y combate la preocupación y el miedo mucho mejor que cualquier ansiolítico.

Ejercicio 12½

Frota tu pecho

Otro ejercicio muy fácil. Solo tienes que ponerte la mano sobre el pecho, allí donde mejor sientas los latidos de tu corazón.

Después comienza a hacer movimientos circulares suaves y pausados. También puedes darte leves golpecitos con la palma de la mano en esa misma zona, unas cincuenta o sesenta veces por minuto. Un reloj con segundero te será de gran ayuda para llevar el ritmo. Por supuesto, puedes alternar el masaje con los golpecitos.

Lo importante es que el contacto sea pausado y constante. Si un día dispones de tiempo y de espacio para ti, utiliza aceite de rosa o de lavanda para masajear la zona.

Y recuerda: debes tocar la zona de tu corazón con mucho cariño.

Por qué frotar el pecho funciona

Como no podía ser de otra manera, el corazón posee muchas estructuras nerviosas. Unas son responsables de la frecuencia cardíaca y otras, de los movimientos musculares (de bombear la sangre). El nervio vago (del latín *vagus*, «errante») desempeña una labor fundamental. Se trata del décimo nervio craneal. Parte del bulbo raquídeo, atraviesa una pequeña abertura en la base del cráneo, inerva la laringe y el esófago y llega al corazón, donde su función es mantener un ritmo cardíaco regular y pausado.

Puedes atrapar a este nervio vagabundo poniéndote la mano en la zona del corazón. Así establecerás un diálogo con él: presta atención a los latidos y, si son demasiado rápidos (por miedo o por nervios), date un masaje o unos golpecitos relajantes. El nervio vago captará el ritmo de tu mano y lo imitará. Como resultado, tu corazón latirá más despacio. Además (y esto es lo mejor), este nervio transmitirá la cadencia a los centros emocionales del cerebro, que se calmarán gracias a los pausados latidos.

> Las caricias cariñosas logran una relajación inmediata y liberan una hormona llamada oxitocina, que reduce las hormonas del estrés y se asocia con el amor y la tranquilidad. Tu cerebro interpreta las caricias como una señal de cariño hacia ti mismo y como un alivio de las preocupaciones y los conflictos. Los centros del cerebro encargados de la resolución de problemas se relajan. Las caricias cariñosas producen una sensación de confianza y bienestar inmediata.

Hechos

El miedo y el pánico son reacciones normales en situaciones de peligro. Sin embargo, cuando nos invaden sin motivo aparente destruyendo nuestro bienestar terminan por generar cambios en nuestros pensamientos y comportamientos y menoscaban la calidad de vida y la salud (el riesgo de desarrollar una arterioesclerosis aumenta de forma considerable).

Los trastornos de ansiedad y pánico se dan incluso en niños. Se calcula que un veinte por ciento de la población los sufre, y la cifra va en aumento. Por lo tanto, merece la pena aprender a entrenar el ánimo y la relajación. Más vale prevenir que curar, como ya dijo Hipócrates hace más de dos mil cuatrocientos años.

Por todo ello, ¡cuídate!
Esto implica:

- Ocúpate de ti, trátate bien, lleva una buena vida.
- Recuerda que tu mente y tu cuerpo desean alcanzar una unidad armónica.
- Entrena tu resiliencia, tu capacidad de enfrentarte a las crisis.
- Manda a paseo al miedo paralizador.

Tú puedes hacerlo, la capacidad está en ti.

- Nunca estarás solo, tu mejor amigo eres tú (y cuentas con todo mi apoyo y mis mejores deseos).
- ¡Atrévete a vivir!
- ¡Cuídate mucho!

Lecturas que animan

Croos-Müller, Claudia, *Kopf hoch – das kleine Überlebensbuch. Soforthilfe bei Stress, Ärger und anderen Durchhängern*, Munich, Kösel, 2011. [Hay trad. cast.: *¡Ánimo! Ayuda instantánea para el estrés, los disgustos y otros bajones*, Barcelona, Grijalbo, 2018]

Damasio, Antonio R., *Der Spinoza-Effekt. Wie Gefühle unser Leben bestimmen*, Berlín, List, 2004. [Hay trad. cast.: *En busca de Spinoza. Neurobiología de la emoción y los sentimientos*, Barcelona, Booket, 2013.]

Feldenkrais, Moshé, *Bewußtheit durch Bewegung. Der aufrechte Gang*, Berlín, Suhrkamp, 1996. [Hay trad. cast.: *Autoconciencia por el movimiento*, Barcelona, Paidós, 2009.]

Lindemann, Hannes, *Autogenes Training. Der bewährte Weg zur Entspannung*, Munich, Mosaik bei Goldmann, 2004. [Hay trad. cast.: *Entrenamiento autógeno. El mejor sistema de relajación*, Barcelona, Plaza & Janés, 1990.]

Silverton, Sarah, *Das Praxisbuch der Achtsamkeit. Wirksame Selbsthilfe bei Stress. Mit gezielten Anleitungen bei Krankheit, Angst und Depression*, Munich, Kösel, 2012. [Hay trad. cast.: *Mindfulness. Una herramienta inspirada en la meditación oriental para aliviar el estrés, la ansiedad y la depresión*, Barcelona, Blume, 2012.]

Tepperwein, Kurt, *Kraftquelle Mentaltraining. Eine umfassende Methode, das Leben selbst zu gestaltar*, Munich, Ariston, 2011. [Hay trad. cast.: *Entrenamiento mental*, Barcelona, Océano Ambar, 2005.]

Sobre la autora

Claudia Croos-Müller es doctora en Medicina y especialista en Neurología, Psicoterapia y Neuropsiquiatría. Desarrolla su labor en su consulta privada y como médica jefe del hospital RoMed de Rosenheim. Es terapeuta homologada de EMDR (Eye Movement Desensitization and Reprocessing) y terapeuta especializada en traumas. Imparte seminarios y sesiones de coaching. El método Body2Brain, desarrollado por la doctora Croos-Müller, consiste en ejercicios físicos de fácil aprendizaje que proporcionan una regulación y estabilización emocional inmediatas. Un encuentro con Samy Molcho y la formación en terapia concentrativa del movimiento fueron el comienzo de este camino.

© Beatrix Heiloway

www.croos-mueller.de

«¡Adelante!» siempre fue el lema de la autora.

Sobre el ilustrador

Kai Pannen estudió pintura y cine en Colonia. Desde 1990 trabaja como ilustrador y en películas de animación. La ilustración editorial es uno de sus puntos fuertes. Para la editorial Kösel ha ilustrado el libro *¡Ánimo!*, así como *Olga*, que se transformó en película de animación bajo su dirección. Vive y trabaja en Hamburgo.

© Andrea Köhler

www.kaipannen.de

Agradecimientos

A Wilfried Müller, mi intrépido marido; a Gerhard Plachta y a todo el equipo de la editorial Kösel; y, como siempre y sobre todo, a mis clientes por las muchas horas de valiente trabajo.

Papel certificado por el Forest Stewardship Council®

Título original: *Nur Mut! Das kleine Überlebensbuch: Soforthilfe bei Herzklopfen, Angst, Panik & Co.*

Primera edición: febrero de 2018
Segunda reimpresión: diciembre de 2024

© 2012, Kösel-Verlag, una división de Verlagsgruppe Random House GmbH, Múnich, Alemania
www.randomhouse.de
Libro negociado a través de Ute Körner Literary Agent, S.L.U., Barcelona. www.uklitag.com
© 2018, Penguin Random House Grupo Editorial, S.A.U.
Travessera de Gràcia, 47-49. 08021 Barcelona
© 2018, Claudia Toda Castán, por la traducción

Penguin Random House Grupo Editorial apoya la protección de la propiedad intelectual. La propiedad intelectual estimula la creatividad, defiende la diversidad en el ámbito de las ideas y el conocimiento, promueve la libre expresión y favorece una cultura viva. Gracias por comprar una edición autorizada de este libro y por respetar las leyes de propiedad intelectual al no reproducir ni distribuir ninguna parte de esta obra por ningún medio sin permiso. Al hacerlo está respaldando a los autores y permitiendo que PRHGE continúe publicando libros para todos los lectores. De conformidad con lo dispuesto en el artículo 67.3 del Real Decreto Ley 24/2021, de 2 de noviembre, PRHGE se reserva expresamente los derechos de reproducción y de uso de esta obra y de todos sus elementos mediante medios de lectura mecánica y otros medios adecuados a tal fin. Dirijase a CEDRO (Centro Español de Derechos Reprográficos, http://www.cedro.org) si necesita reproducir algún fragmento de esta obra.

Diseño de cubierta: Monika Neuser
Ilustraciones e imagen de cubierta: Kai Pannen, www.kaipannen.de

ISBN: 978-84-16895-58-8
Depósito legal: B-26.403-2017

Compuesto en Gama, S. L.
Impreso en Liber Digital, S. L.

Body2Brain® es una marca registrada y protegida.
Muchas personas e instituciones la están utilizando.

Advertencia

El método y los ejercicios presentados en este libro complementan posibles terapias necesarias en caso de enfermedades graves y en ningún caso sustituyen a estas.
Los ejercicios están pensados para el día a día, como medida preventiva de «higiene mental» y cuidado personal que debería practicar cualquier hombre o mujer de forma regular.